Das Sushi Kochbuch

Eine Einführung in die japanische Sushi Küche

Katsuji Yamamoto
& Roger Hicks

cook book

Die Originalausgabe erschien 1999 in Großbritannien unter dem Titel
„The Sushi Cookbook" bei Quintet Publishing Limited / Apple Press
6 Blundell Street, London, N7 9BH

Printed in Singapore

Übersetzung aus dem Englischen: AMS / Karin Elke Schulz
Redaktion und Satz: AMS Autoren- und Medienservice, Reute
Umschlaggestaltung: Grafikhaus München
Rezeptphotos: Tim Ferguson Hill, Howard Shooter, Steve Alley, Life File (S. 6, 7, 9)
Axiom Photographic Agency (S. 6, 7, 16)

ISBN 3-7742-4949-0

Inhalt

Einführung

Die japanische Küche erfreut sich derzeit ungeahnter Beliebtheit. In allen Großstädten der Welt gibt es heute nicht allein japanische Restaurants, sondern auch Fachgeschäfte mit japanischen Produkten, Zutaten und Utensilien sowie Supermärkte und kleinere Läden mit einem Angebot an japanischen Fertiggerichten. Am beliebtesten ist Sushi: herrlich angerichtete Häppchen – gut für Ihre Gesundheit und eine wahre Gaumenfreude!

Überall werden Sushi-Bars eröffnet und auch in nicht japanischen Restaurants ist Sushi nun auf der Speisekarte vertreten. Trotz ihrer Beliebtheit sind die Finessen dieser Küche noch recht unbekannt. Wer kennt schon den Unterschied zwischen *maki* und *temaki* oder *nori* und *inari*? In diesem umfassenden Ratgeber finden Sie alles über Zutaten, Arten, Zubereitung und Präsentation von Sushi sowie eine große Auswahl köstlicher Rezepte, für die Sie keine speziellen Fertigkeiten – nur etwas Geduld – benötigen. Auch beim Besuch in einer Sushi-Bar erweist sich dieses Buch als wertvoll!

Bescheidene Anfänge

Es wird allgemein behauptet, dass Sushi gewissermaßen als kulinarischer Unfall seine Anfänge nahm. Der Reis diente nur der Haltbarmachung des darauf gelegten Fisches und wurde vor dem Verzehr beseitigt. Im Lauf der Zeit fand man jedoch Geschmack an gesäuertem Reis mit Fisch – und so entstand Sushi.

Einer weiteren Version zufolge, erstmals vor etwa 1200 Jahren überliefert, war der japanische Kaiser von einem Muschelgericht mit Reis und Essigsoße so beeindruckt, dass er Befehl gab, die Speise regelmäßig zu servieren. Die verfeinerte Variante war dann Sushi.

Reisfelder vor einem traditionellen japanischen Haus

Lachsfang eines kleinen Fischerbootes in Hokkaido

Fudschijama

Heian-Jingu-Schrein in Kioto

Sushi zu Hause

Für Sushi zu Hause empfiehlt sich die Etikette von Sushi-Bars. Dort werden zunächst Schälchen mit japanischem Meerrettich (*wasabi*), eingelegtem Ingwer (*gari*), Sojasoße und grünem Tee (*ocha*) serviert. In traditionellen Sushi-Bars bestellt man erst nur wenige Sushi-Stücke, danach weitere, die der Sushi-Chef (*itamae*) frisch zubereitet.

In ultra-modernen Sushi-Bars bereitet der Chefkoch die Sushi zu und stellt sie auf eine Art Förderband, das um die Theke läuft. Der Gast nimmt sich die gewünschten Sushi vom Band. Zu Hause empfiehlt sich die Zubereitung verschiedener Sushi und Anrichtung auf einer Platte, von der die Gäste nach Belieben wählen. Eine Portion pro Person besteht aus je zwei Stücken sechs verschiedener Sushi.

Gesund und leicht

Sushi ist, um es mit einem Wort zu sagen, Gesundheitskost. Der roh verwendete Fisch weist viele Spurenelemente und Mineralstoffe auf. Sushi enthält, mit Ausnahme von Omelett in Seetang (*tamago*), kaum Cholesterin. Eine Sushi-Rolle hat durchschnittlich weniger als 100 Kalorien.

Andererseits ist auf den Salzgehalt und unbedingte Frische des Fischs bei Sushi zu achten. Sojasoße ist recht salzhaltig. Normalerweise besteht kein Anlass zu Beunruhigung, doch ist es ratsam, Sojasoße sparsam oder ein salzreduziertes Produkt bzw. Salzersatz zu verwenden. Roher Fisch für Sushi und *sahimi* sollte garantiert frisch sein – für besseren

Fischförmige Drachen, Kochi-Bezirk

Dekorativ angerichtet: Sushi und *sashimi*

Geschmack und zur Vermeidung von Lebensmittelvergiftungen. In Japan wird Lachs üblicherweise nicht roh verarbeitet, sondern eingesalzen, ist daher für Sushi ungeeignet. Krankheitserreger sind häufig in Fisch enthalten, besonders in rohem Lachs. Durch Gefrieren werden sie zwar abgetötet, doch sollte nur frischester Fisch der besten Händler verwendet, korrekt aufbewahrt und absolut sauber zubereitet werden.

Sushi-Arten

Finger-Sushi (*nigiri-zushi*): Bekannteste, einfachste Art von Sushi, seit 200 Jahren als „Fastfood" in Japan beliebt. Sie bestehen aus einer mit japanischem Meerrettich bestrichenen Fischscheibe auf einer Schicht Reis. Finger-Sushi können mit einem Streifen Seetang umwickelt und so mit den Fingern oder Stäbchen aufgenommen werden.

Gepresste Sushi (*hako-zushi*): Wird in einer flachen Holzschachtel mit abnehmbarem Boden und Deckel zubereitet. Der Reis wird auf dem Boden verteilt, mit japanischem Meerrettich bestrichen und belegt. Durch Aufdrücken des Deckels wird die Masse in einen „Block" gepresst, der dann in gleich große Stücke geteilt wird. Ähnlich wie Finger-Sushi.

Gerollte Sushi (*maki-zushi*): Davon gibt es unzählige Varianten und jeder Sushi-Chef kreiert seine eigenen Spezialitäten. Am einfachsten ist Sushi bestehend aus Reis und mindestens einer

Traditionelle Papierlampions

Beilage, die mit Hilfe einer Bambusrollmatte (*makisu*) in Seetang zu einer Rolle gewickelt und dann in kleine Scheiben geschnitten werden. Kleine gerollte Sushi heißen *hoso-maki*, große mit mehreren Füllungen *futo-maki*, solche mit einer äußeren Schicht aus Reis umgekehrte *maki*.

Sushi-„Schiffchen" (*gunkan-maki*): Von Hand geformte Sushi mit einer Füllung aus Reis in einer Hülle aus Seetang mit weicher Garnierung, wie Rogen oder Kaviar.

Handgerollte Sushi (*temaki*): Ähneln einer Waffel- bzw. Eistüte. Seetang wird mit Reis und Garnierung belegt und von Hand kegelförmig gerollt. Eigentlich sind alle Sushi *temaki*, die nicht mit einer Bamus-rollmatte aufgewickelt werden.

Belegter Sushi-Reis (*chirashi-zushi*): Fisch, Fleisch, Omelett und Gemüse werden kunstvoll auf einer Schicht Sushi-Reis angerichtet. Wird portionsweise in Schälchen oder in einer großen Schüssel angeboten.

***Sashimi*:** Im Grunde keine Sushi, sondern dünne Scheiben roher Fisch serviert zu Reis und *Miso*-Suppe.

Sake-Fässchen

Japanische Zutaten

Die hier beschriebenen Zutaten sind nun häufig auch in Supermärkten und gut sortierten Läden bei uns erhältlich oder können in asiatischen Spezialgeschäften gekauft werden.

Fritierter Tofu (Bohnenquark) (*abura-age*)

Getrocknete Bonitoflocken (*katsuo-bushi*)

Gepresster Fisch (*kamaboko*)

Fischpaste (*oboro*)

Bambussprossen (*takenoko*): In Dosen oder frisch abgepackt, nach dem Öffnen bald verzehren. Aus der Dose halten sie sich zur Aufbewahrung gekühlt ein paar Tage bei täglicher Erneuerung des Wassers.
Eingelegter Ingwer (*gari*): Cremefarben oder rosarot eingefärbt. Wird in kleinen Mengen zur Gaumenreinigung und zum besseren Geschmacksempfinden verzehrt. Dient dünn aufgeschnitten auch als Garnierung (s. S. 23).
Eingelegte Klette (*yama-gobo*): Langes dünnes Wurzelgemüse mit „Biss".
Eingelegter Rettich (*takuwan*): Nach dem Trocknen eingelegter weißer (Riesen-) Rettich (*daikon*), oft gelb gefärbt.
Fermentierte Sojapaste (*miso*): Gehört zur asiatischen Küche und ist in Fachgeschäften erhältlich. Wird für Suppen, Brühen und Soßen benötigt und ist reich an Protein. Leichte, helle *Miso* ist salzärmer als dunkle, aber es gibt auch salzarme dunkle. Gut verschlossen und gekühlt mehrere Monate haltbar.
Fischpaste (*oboro*): Gemahlene, gekochte Fischflocken, mit Zucker und manchmal Koschenille oder roter Lebensmittelfarbe versetzt. Dient als Garnierung für Reis und kann auch selbst hergestellt werden (s. S. 58).
Fritierter Tofu/Bohnenquark (*abura-age*): Dünne, fritierte Taschen aus Bohnenquark, hellbraun und von grobporiger Konsistenz. Einfrieren oder bald aufbrauchen.
Gepresster Fisch (*kamaboko*): Gepresster, gekochter heller (meist weißer oder rosa gefärbter) Fisch, als essbare Garnierung verwendbar. Luftdicht gekühlt verwahren.
Geraspelter weißer Rettich als Garnierung (*momiji*-oroshi): Geriebener japanischer Rettich mit zerstoßenen roten Chillies vermischt für Garnierungen (s. S. 24). Kann bitter schmecken.

Japanischer Meerrettich (*wasabi*)

Seetang (*konbu*)

Lotuswurzel (*renkon*)

Eingelegter Ingwer (*gari*)

Eingelegter Rettich (*takuwan*)

Getrocknete Bonitoflocken (*katsuo-bushi*) für Brühe: Getrockneter Bonito (Fisch) wird meist am Stück angeboten und bei Bedarf abgeschabt. Er ist aber auch gerieben erhältlich.

Getrockneter Kürbis (*kampyō*): Schale von Kürbis in dünnen Streifen, die vor Gebrauch eingeweicht (s. S. 15) werden; für bestimmte Arten von gerollten Sushi und Sushi-Reis.

Getrocknete Seetangblätter (*nori*): Klein geschnittener, getrockneter Purpur-Seetang in sehr dünnen Blättern gepresst zum Einrollen von Sushi. Um das Aroma zu erhalten, luftdicht verschlossen oder tiefgekühlt aufbewahren. Für intensiveren Geschmack eine Seite 30 Sekunden lang über einer Gasflamme leicht rösten bzw. toasten, bis sich die Farbe von Tintenschwarz zu Dunkelgrün verändert. Es gibt auch vorgerösteten *nori*. Geraspelt dient er als Gewürz; ganze Blätter am besten mit Küchenschere oder Messerspitze auf glatter Oberfläche durchschneiden.

Getrocknete Shiitake-Pilze: Bekannteste, aromatische Pilzart der japanischen und chinesischen Küche, getrocknet und frisch erhältlich. Für Sushi werden meist die geschmacksintensiveren getrockneten *shiitake* verwendet und vor Gebrauch eingeweicht (s. S. 14).

Japanischer Meerrettich (*wasabi*): Auch als japanischer Senf und in Sushi-Bars als *namida* („Tränen") bekannt, da er scharf riecht und die Augen reizt. Wasabi gilt als wesentlicher Bestandteil von Sushi und wird aus einer japanischen Uferpflanze gewonnen. Als Paste in Tuben oder als Trockenpulver zum Anrühren in Wasser erhältlich. Die Pulverform ist der Tube vorzuziehen, da Paste schnell ihre Schärfe verliert.

Konbu oder Kelp (*konbu*): Getrockneter Seetang für Brühe und wichtige Jodquelle. Als dünne, feste Lagen erhältlich. Für Geschmack und Nährstofferhalt abreiben, nicht einweichen. Luftdicht verschlossen aufbewahren. Wird durch langes Kochen schnell bitter.

Lotuswurzel (*renkon*): Helle Wurzel der Wasserlilie; frisch, tiefgekühlt oder in Dosen erhältlich. An kühlem, dunklem Ort lagern und vor dem Verzehr ausreichend gar kochen.

Sushi-Reis
(*sushi-mesi*)

Süßer Reiswein (*mirin*),
Zitrussoße (*ponzu*)

Reisessig (*su*),
Sushi-Essig (*sushi-zu*)

Reiswein
(*sake*)

Seetang
(*wakame*)

Reis (*kome*): Für Sushi eignet sich japanischer Klebreis am besten (s. auch Sushi-Reis)

Reisessig (*su*): Milder, klarer bis brauner Essig zur Herstellung von Sushi-Essig, nötigenfalls durch verdünnten Apfelessig ersetzen.

Scharfe chinesische Chilipaste: Aus Chillies, fermentierten Sojabohnen, Salz und Zucker; eine der beliebtesten, unter *toban djan* bekannten Soßen der chinesischen Küche.

Reiswein (*sake*): Alkoholisches Nationalgetränk Japans, von lieblich bis trocken im Geschmack. Neben japanischem Tee geeignetstes Getränk zu Sushi. Beim Kochen sparsam verwenden und notfalls durch Sherry ersetzen.

Sesam (*goma*): Sparsam zum Abschmecken von Sushi verwenden. Für intensiveren Geschmack kurz vor Gebrauch ohne Fett rösten oder ca. 60 Sekunden in heißer gusseisernen Pfanne unter ständigem Schwenken und Wenden bräunen. *Shiro goma* ist schwarzer (ungeschälter), *muki goma* weißer (geschälter) Sesam.

Seetang (*wakame*): Meist getrocknet, oft auch zerkleinert erhältlich. Frischer *wakame* kann zerkleinert als kräftig grüne Garnierung dienen. Für Suppen und Salate extra fünf Minuten in kaltem Wasser einweichen. Nährstoffreich und kalorienarm. Nicht zu lange kochen.

Sojasoße (*shoyu*): Am besten japanische Sojasoße (*koi kuchi shoyu*) oder ein entsprechend salzarmes Produkt verwenden. Dunkle und helle chinesische Sojasoßen eignen sich nicht.

Spinat (*horenso*): Häufige Zutat in der japanischen Küche. Für besseren Geschmack nur zarte junge Blätter verwenden.

Süßer Reiswein (*mirin*): Auch als süßer Sake bekannt, mit geringem Alkoholgehalt zum Kochen verwenden. Das sirupartige Reisprodukt hat einen unverkennbar süßen Geschmack. Ersatzweise 60–90 ml Zucker in 175 ml heißem Sake auflösen.

Sushi-Reis (*sushi-mesi* oder *shari*): Mit Sushi-Essig gesäuerter, möglichst japanischer oder kalifornischer Klebreis (s. S. 25).

Getrockneter Seetang *(nori)*

Sojasoße *(shoyu)*

Weißer (Riesen-)Rettich *(daikon)*

Sushi-Essig (*sushi-zu*): Klarer Reisessig, die wesentliche Zutat für Sushi-Reis. Selbst herstellen (s. S. 25) oder fertig kaufen. Ersatzweise *Sushi-zu*-Pulver verwenden.

Schwarznessel (*aojiso oder shiso*)oder *Perilla frutescens*: Die fransigen Blätter des „japanischen Basilikums" dienen als Garnierung.

Tofu/Bohnenquark (*tofu*): Aus Sojabohnen hergestellt mit cremig weißer Farbe, ohne Eigengeschmack. S. auch fritierter Tofu.

Weißer (Riesen-) Rettich (*daikon*): In Hindi als *mooli* bekannt. *Daikon* ist größer und milder im Geschmack als der kleinere rote Rettich. Zur Garnierung wird er dekorativ angerichtet oder fein geraspelt (s. S. 24).

Zitrussoße (*ponzu*): Frisch gepresste Zitrone, Limone oder Orange mit Sojasoße, Essig und Zucker vermischt. Im Handel erhältlich oder herzustellen mit 125 ml Orangensaft, Saft $^1/_2$ Zitrone, 125 ml Sojasoße und 125 ml *Dashi*-Brühe (s. S. 28).

Küchenutensilien

Neben einer Auswahl an guten, scharfen Messern (*hōchō*) – stumpfe zerreißen den Fisch beim Filetieren – werden eine Bambusrollmatte (*makisu*), eine große Holzschüssel zum Auskühlen von Reis (*hangiri*) und ein hölzerner Reislöffel (*shamoji*) benötigt. Holzschüssel und Reislöffel sind notfalls durch eine andere Schüssel (nicht aus Metall) und Spatel ersetzbar.

Bambusrollmatte *(makisu)*

Messer *(hōchō)*

Hölzerner Reislöffel *(shamoji)*

Shiitake-Pilze

4–6 getrocknete Shiitake-Pilze, 15–20 Min. in heißem Wasser oder 30 Min. in kaltem Wasser eingeweicht, ausgedrückt und mit 150 ml zurückbehaltener Kochflüssigkeit versetzt

225 ml *Dashi*-Brühe (s. S. 28)

1 TL Reiswein

2 EL Zucker

1 EL Sojasoße

1 EL süßer Reiswein

Shiitake-Pilze gibt es vor allem getrocknet. Sie sind wichtiges Geschmackselement der japanischen Küche und werden meist als Beilage oder Zutat für Sushi benötigt. Durch das Einweichen verflüchtigt sich der kräftige Geruch fast vollständig. *Shiitake*-Pilze sind recht teuer, halten aber lange.

Zubereitung

Shiitake-Pilze in heißem Wasser bis zu 20 Minuten einweichen. Hartes Innenstück und Stiele vor dem Kochen entfernen. Bei 30–40-minütiger Einweichzeit werden die Pilze weicher und können ganz verwendet werden.

Abkochwasser, *Dashi*-Brühe und Reiswein in schwerer Pfanne mischen und aufkochen. Pilze hinzufügen, Hitze reduzieren. Etwa 3 Minuten leicht kochen. Pilze dabei häufig im Sud wenden.

Zucker zufügen und etwa 10 Minuten weiter garen, bis die Flüssigkeit zur Hälfte eingekocht ist. Sojasoße zugeben. Weitere 3–4 Minuten kochen, dann süßen Reiswein einrühren. Hitze vergrößern und weiter kochen, dabei Pfanne schwenken, bis die Pilze gleichmäßig glasiert sind.

Pilze aus der Pfanne nehmen und sofort verwenden bzw. servieren.

Shiitake-Pilze vor dem Einweichen

Shiitake-Pilze nach dem Einweichen

Getrocknete Kürbisstreifen *kampyō*

- 900 ml *Dashi*-Brühe (s. S. 28)
- 1 EL Zucker
- 1 $^{1}/_{2}$ TL Sojasoße
- 1 Prise Salz

Kampyō ist getrocknete Schale von japanischem Flaschenkürbis und wird in Streifen abgepackt als wichtige Sushi-Zutat angeboten.

Zubereitung

Kürbisstreifen unter Wasser abreiben, mit Salz einreiben und 1 Stunde einweichen.

In kochendem Wasser 5–10 Minuten vorgaren, dann abgießen.

Weitere 5 Minuten in *Dashi*-Brühe mit Zucker, Sojasoße und Salz leicht kochen. Aus der Brühe nehmen und vor Gebrauch etwas abtropfen lassen.

Kürbisstreifen vor dem Einweichen

Kürbisstreifen nach dem Einweichen

Portion Finger-Sushi und gerollte Sushi für eine Person

Fisch: Kauf und Zubereitung

Für Sushi muss Fisch sehr frisch sein und möglichst sogar frisch gefangen. Manche Sushi-Chefs verarbeiten sogar lebenden Fisch. Fettreiche Fischarten und Schalentiere sind auch geeignet, wenn sie sofort nach dem Fang tiefgekühlt wurden; andere werden jedoch durch Auftauen wässrig oder verfärben sich.

Bei frischem Fisch sind die Augen hell und klar; sie sind nicht blutunterlaufen und eingesunken. Die Schuppen glänzen und die Kiemen sind rot. Bei Fingerdruck bleibt keine Vertiefung zurück. Außerdem hat frischer Fisch nicht den typischen Fischgeruch.

Beim Kauf von Fischstücken statt ganzem Fisch muss das Fleisch fest und die Oberfläche leicht glänzend sein.

Frischer Fisch sollte nach dem Erwerb so schnell wie möglich filetiert werden, entweder vom Fischhändler oder zu Hause.
Für Sushi gibt es zwei Möglichkeiten, Fisch zu filetieren: Die erste, häufigste Art für fast alle Fische, außer flachen, ergibt drei Scheiben Fisch plus das Skelett, die zweite für flache und große Fische (z. B. Bonito) ergibt fünf Scheiben (s. S. 18–21).

Geputzter Fisch sollte schnell zubereitet und gegessen werden, kann aber einige Stunden mit einem feuchten Tuch oder über Nacht mit Frischhaltefolie bedeckt im Kühlschrank lagern.

Tsukiji-Fischmarkt in Tokio

Phantasievoll arrangierte Sushi

Auftauen von gefrorenem Fisch

Fisch so langsam wie möglich auftauen lassen, möglichst über Nacht im Kühlschrank. Durch Einweichen in Wasser zum schnelleren Auftauen kann Fisch an Geschmack verlieren. Wenn es dennoch schnell gehen muss, bei Süßwasserfisch auf je 450 ml Wasser zwei Teelöffel Salz und bei Salzwasserfisch auf je 450 ml Wasser einen Teelöffel Salz zum Auftauen verwenden.

Schalentiere

Schalentiere sollten beim Kauf noch leben. Dagegen ist es nicht immer einfach, lebenden Tintenfisch bzw. Kalmar zu finden. Tintenfisch wird für Sushi meist in dünne Scheiben geschnitten. Lebende Schalentiere sind schwer und schwimmen nicht auf der Wasseroberfläche. Eine lebende Muschel ist geschlossen. Schalentiere können in Wasser im Kühlschrank bei einer Temperatur zwischen 1–4 °C einige Tage überleben.

Dreiteilung von Fisch *san-mai oroschi*

Zum Entfernen von Fischschuppen (z. B. bei Brasse) Schwanz festhalten, Messer flach ansetzen und Schuppen zum Kopf hin abschaben. Nie den Körper des Fischs festhalten, da dieser sonst zerdrückt wird und seine Festigkeit verliert. Fisch beim Abschaben öfter mit leicht gesalzenem Wasser abreiben.

❶ Um den Kopf zu entfernen, Fisch auf die Seite legen. Mit einem scharfen Messer hinter den Seitenkiemen ansetzen und vom Bauch her quer diagonal durchschneiden.

❷ Von vorn her den Bauch bis zur Bauchflosse durchschneiden. Magen und Eingeweide entfernen und den Fisch gründlich unter fließendem kaltem Wasser säubern.

❸ Eine Hand leicht auf den Fisch legen und mit der anderen am Rücken entlang zum Schwanz hin schneiden. Das Messer soll dabei den Brustkorb streifen. Fleisch vorsichtig abheben.

❹ Den übrigen Fisch mit der Haut nach oben legen. Mit einer Hand den Fisch leicht halten, mit der anderen am Rücken entlang zwischen dem Fleisch und Rückgrat zum Schwanz hin schneiden.

❺ Mit dem Messer am Bauch entlang fahren und den Schwanz durchschneiden. Dadurch löst sich die zweite Scheibe. Mit den Fingern vorsichtig auf Gräten abtasten.

❻ Man erhält so drei Stücke Fisch: je ein Filet links und rechts und das Skelett. Große Stücke können zusätzlich der Länge nach geteilt werden.

Fünfteilung von Fisch *go-mai oroshi*

Es gibt zwei Arten der Fünfteilung eines Fisches. Die eine wird für Plattfische, die andere für besonders große Fische wie Bonito verwendet. Für die Herstellung von Sushi zu Hause ist die erste relevant, da Fisch, der nach der zweiten Möglichkeit aufgeteilt wird, für den privaten Anlass meist zu groß ist.

Hier abgebildet ist eine Scholle (*karei*).

Plattfisch

❶ Mit einer Hand den Kopf des Fisches leicht festhalten, mit der anderen zwei tiefe Einschnitte hinter den Kiemen machen. Fisch mit dem Bauch nach oben legen und Kopf abschneiden. Magen und Eingeweide ausdrücken. Fisch gründlich unter fließendem kaltem Wasser säubern.

❷ Fisch umdrehen und Rückgrat vom Kopf zum Schwanz hin durchtrennen.

❸ Messer schräg halten und am Rückgrat zum Lösen des Fleisches entlang fahren.

❹ Vom Schwanz her mit dem Messer an der Außenseite des Fisches zum Abtrennen des ersten Filets entlang fahren.

❺ Fisch umdrehen und die Schritte 2–4 wiederholen, um das zweite Filet zu lösen. Den Fisch wieder wenden und Vorgang wiederholen, um ein drittes und viertes Filet abzutrennen.

❻ Man erhält so fünf Stücke Fisch. Die vier Filetstücke neben den Seitenflossen heißen *engawa* und sind sehr begehrt.

Schneiden von Filet

Bei der Zubereitung von Sushi müssen die Hände stets befeuchtet sein. Sonst trocknet der Fisch aus und der Reis klebt an den Fingern. Bei den Fotos für dieses Buch musste der Sushi-Chef (*itamae*), der gewöhnlich zügig arbeitet, langsamer vorgehen, wodurch die Sushi oft austrockneten. Die Hände ab und zu in einer Mischung aus Reisessig und Wasser (etwa 2 Esslöffel Reiswein auf 450 ml Wasser) mit einer Zitronenscheibe befeuchten.

Messer nass halten und häufig säubern, damit der Geschmack der einzelnen Zutaten nicht vermischt wird. Feucht abreiben oder in Essig-Wasser-Mixtur tauchen. Messer dann senkrecht halten und mit dem Griff auf die Arbeitsfläche klopfen, damit sich das Wasser auf der Schneide verteilt.

Für Sushi nur die zartesten und besten Fischstücke verwenden, den Rest beiseite legen.

❶ Messer in einer Schüssel mit Wasser, Essig und einer Scheibe Zitrone befeuchten.

❷ Beim Schneiden eines Fischstücks in Scheiben, zuerst das Endstück quer in Faserrichtung abtrennen. Es ist nicht für Sashimi oder Finger-Sushi geeignet, kann aber als Füllung für gerollte Sushi verwendet werden. Weitere Scheiben vom Filet diagonal abschneiden. Beim Schneiden in Faserrichtung spricht man von *sakudori*.

Dekorative Garnierungen

Ingwer-Rose
Hauchdünne Scheibchen eingelegter Ingwerwurzel werden zu je einer „Rose" pro Portion Sushi geformt.

Knoten aus gepresstem Fisch

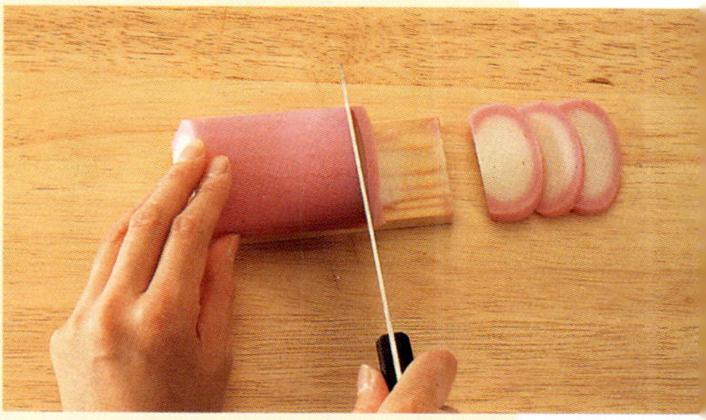

❶ Eine 5 mm dicke Scheibe von gepresstem Fisch abschneiden. Längs in der Mitte der Scheibe einschneiden.

❷ Auf jeder Seite des Schnitts in der Mitte je einen Schnitt für die Enden machen.

❸ Für den Knoten die Enden durch den Schnitt in der Mitte führen.

❹ Fertige Knoten aus gepresstem Fisch.

„Engelshaar"

❶ Ein 5 cm langes Stück weißen Rettich fortlaufend zu einem langen dünnen „Band" schälen.

❷ Das „Band" auf ein Brett legen und in feine Streifen schneiden. Für Kringel, den Rettich am Ende schneiden.

Geraspelter weißer Rettich (*momiji-oroshi*)

Mit dem Ende eines Essstäbchens Löcher in ein Stück weißen Rettich bohren. Mit dem Stäbchen längliche rote Chillies in den Rettich stecken. Rettich mit einer Raspel fein hobeln.

Gurkenzweig

Ein 8 cm langes Stück einer ungeschälten Gurke diagonal anschneiden, dann Schale längs mit feinen Schnitten einritzen. Messer schräg halten und das Gurkenstück viermal flach einschneiden. Nach jedem Einschnitt das lose Ende abwechselnd leicht nach links oder rechts biegen. Mit etwas Rogen garnieren.

Sushi-Reis *sushi-meshi*

Dieses Grundrezept zeigt, wie der klebrige, gesäuerte Sushi-Reis zubereitet wird, der Grundlage aller Arten von Sushi ist. Dazu wird japanischer oder kalifornischer Klebreis bzw. Rundkornreis verwendet. Das Verhältnis von Wasser zu ungekochtem Reis beträgt 1 Teil Reis zu 1 $^1/_4$ Teilen Wasser.

Folgende Angaben reichen für eine Portion Reis bzw.
2 große Sushi-Rollen (futomaki-zushi)
oder
4 kleine Sushi-Rollen (*hosomaki-zushi*)
oder
16 Finger-Sushi (*nigiri-zushi*)

175 g ungekochter, japanischer Klebreis

225 ml kaltes Wasser

1,5–5 cm langer Streifen Seetang, abgerieben

Sushi-Essig (*sushi-zu*)

1 $^1/_2$ EL Reisessig

1 EL Zucker

$^1/_2$ TL Salz

❶ Reis gründlich waschen, bis das Wasser klar bleibt. Reis 30–60 Minuten stehen lassen. Dadurch nehmen die Körner Wasser auf und quellen.

❷ Reis, Wasser und Seetang in Topf mit geschlossenem Deckel bei mittlerer Hitze zum Kochen bringen. Seetang vor dem Aufkochen entfernen. Bei geschlossenem Deckel etwa 10 Minuten kochen. (Garzeit ist von Reismenge abhängig.) Deckel während des Kochens nicht anheben!

❸ Herd ausschalten, Deckel abnehmen und Topf mit Geschirrtuch bedecken. Reis 10 Minuten abkühlen lassen. Indessen Zutaten für Sushi-Essig in einem Topf erhitzen, bis der Zucker sich auflöst. Vom Herd nehmen und in eine gekühlte Schüssel füllen. Zur schnelleren Abkühlung, damit der Essig nicht verdampft, Schüssel in kaltes Wasser stellen.

❹ Mit einem hölzernen Reislöffel Reis in eine große Schüssel füllen. Gleichmäßig verteilen und mit Reislöffel von einer Seite zur anderen und von oben nach unten durch den Reis ziehen.

❺ Löffel durch den Reis ziehen – nicht rühren oder drücken. Nach und nach Sushi-Essig zugeben. Gleichzeitig mit einem Fächer Reis abkühlen (zweite Person). Das Einarbeiten des Sushi-Essigs dauert etwa 10 Minuten und kühlt den Reis auf Zimmertemperatur ab.

Suppen & Brühen

Kapitel 1

Bei der Zubereitung mehrerer Gerichte gleichzeitig ist zu beachten, dass Suppe stets frisch und heiß serviert wird. Ein Schälchen (225 ml) entspricht etwa der Portion für eine Person. In Japan wird Suppe geschlürft; Einlagen wie Tofu, Gemüse oder Meeresfrüchte isst man mit Stäbchen.

Dashi-Brühe (*dashi*)

Dashi-Brühe ist in vielen japanischen Rezepten unersetzlich. Sie ist aromatisch und wird zum Garen mancher Zutaten und für Suppen benötigt. Die angegebene Menge der Bonitoflocken darf nach Geschmack variiert und frei reduziert werden. Konbu nicht zu lange kochen, sonst wird die Brühe trüb und bitter.

für 900 ml

15-cm-Streifen getrockneter Konbu, in 3 Stücke geteilt

900 ml Water

40 g trockene Bonitoflocken

Konbu in einem Topf mit Wasser erhitzen und sofort herausnehmen, wenn Wasser aufkocht.

Bonitoflocken zugeben. Dabei nicht rühren! Nach dem Aufkochen Topf vom Herd nehmen. Die Brühe ist fertig, wenn die Flocken sich nach unten absetzen.

Die Brühe durch ein Sieb gießen. Konbu und Bonitoflocken können für eine weniger starke Brühe neu verwendet werden.

Instant-Dashi-Brühe

Instant-*Dashi*-Brühe wird mit gefriergetrocknetem Granulat aus dem Asiengeschäft hergestellt. Dafür 1 Teelöffel Granulat in einen Topf mit 600 ml kaltem Wasser rühren, aufkochen und vor dem Verzehr etwas abkühlen lassen.

Obwohl kein Ersatz für „echte" *Dashi*-Brühe, sind doch viele von der Qualität des Sofortprodukts überzeugt.

Klare Suppe (*suimono*) und *Miso*-Suppe (*miso-shiru*)

In Japan werden Suppen oft mit *Dashi*-Brühe zubereitet; Sushi wird jedoch meist mit *suimono* und *miso-shiru* gereicht.

Für *suimono* gelten vorgegarter weißer Fisch, Schalentiere, Hühnchenbrust, frischer Tofu oder rohe Eier in Verbindung mit (Lauch-)Zwiebeln als geeignete Zutaten.

Miso-shiru wird meist mit Gemüse, Seetang, Pilzen, Tofu, Fisch, Schalentieren, Huhn oder Schweinefleisch zubereitet.

Klare Suppe mit Ei und Lauch *tamago no sumashi jiru*

für 450 ml

500 ml *Dashi*-Brühe (s. S. 28)

2,5-cm Lauchstück, halbiert und geschnitten

3 frische *Shiitake*-Pilze, in Scheiben geschnitten

$^1/_2$ TL Salz

1 Schuss Sojasoße

1 Ei, verquirlt

Diese klare Brühe mit zartem Aroma ist eine Beilage zu Sushi-Gerichten. Die *Shiitake*-Pilze geben zusätzlichen Geschmack. Den Lauch nicht zu lange kochen, damit er fest bleibt.

❶ *Dashi*-Brühe zum Kochen bringen. Lauch, Pilze, Salz und Sojasoße zugeben. 3–4 Minuten leicht kochen lassen.
❷ Nach und nach unter ständigem Rühren, damit sich keine Klümpchen bilden, das verquirlte Ei zugeben. Sofort servieren.

Miso-Suppe mit Seetang und Zwiebel

wakame to tama-negi no miso-shiru

für 450 ml

500 ml *Dashi*-Brühe (s. S. 28)

1/2 Zwiebel in Scheiben

2 TL getrockneter *Wakame*-Seetang

2 EL *Miso*-Paste

Diese Suppe ist sehr leicht herzustellen. In Japan wird sie mit einer Schale Reis zum Frühstück, Mittag- und Abendessen gereicht und variiert im Geschmack je nach Zubereitungsart des Hauses und der Kombination der Zutaten.

❶ *Dashi*-Brühe und Zwiebel in einem Topf aufkochen und weiter kochen lassen, bis die Zwiebel glasig wird.
❷ Seetang zufügen und etwa weitere 2 Minuten kochen, bis er aufquillt.
❸ Hitzezufuhr erhöhen, bis die Suppe zu kochen beginnt. Nicht länger als 1–2 Minuten kochen lassen, da die Suppe sonst zu salzig wird. *Miso*-Paste mit einem Schneebesen einrühren und auflösen. Sofort servieren.

Finger-Sushi

nigiri-zushi

Kapitel 2

Zubereitung von Finger-Sushi *nigiri-zushi*

1 Portion Sushi-Reis (s. S. 25–26)

Garnierungen, in Scheiben, frisch zubereitet (s. S. 35–50)

Japanischer Meerrettich

Sojasoße und eingelegter Ingwer als Beilage

Eine wichtige Fertigkeit bei der Zubereitung von Finger-Sushi ist das leichte Pressen der Zutaten mit der Hand *(nigiri* bedeutet „drücken").

Aus dem Reis werden die klassischen Sushi-Formen gebildet. Am beliebtesten sind leicht spitz zulaufende Rollen und die Fächerform. Die Abbildung zeigt, wie ein Sushi-Chef (*itamae*) die Sushi geschickt zubereitet.

Ein *itamae* formt in kurzer Zeit mit großer Geschicklichkeit mehrere identisch aussehende *nigiri-zushi*. Bei der Zubereitung zu Hause ist es für gute Resultate wichtig, zügig zu arbeiten. Dabei bedarf es der Übung, die exakte Menge an Reis pro Finger-Sushi abzuwägen und unter dem richtigem Fingerdruck zu formen.

Thunfisch, Garnelen, Kalmar, Omelett und Lachs sind gängige und beliebte Zutaten für Finger-Sushi.

Zur Vorbereitung für Finger-Sushi ein Schälchen japanischen Meerrettich und eine Schüssel Reis rechts auf der Arbeitsfläche platzieren.

Die folgenden Schritt-für-Schritt-Anleitungen gelten für Rechtshänder. Linkshänder tauschen die Begriffe „links" und „rechts" jeweils aus.

❶ Schüssel mit Sushi-Reis rechts platzieren. Garnierung in die linke Hand nehmen. Ein Bällchen Reis in etwa der Größe eines Golfballs in die rechte Hand nehmen und leicht an der Schüsselwand in Form drücken.

❷ Reis in rechter Hand halten. Rechten Zeigefinger in Meerrettich tauchen und längs in die Mitte der Garnierung streichen.

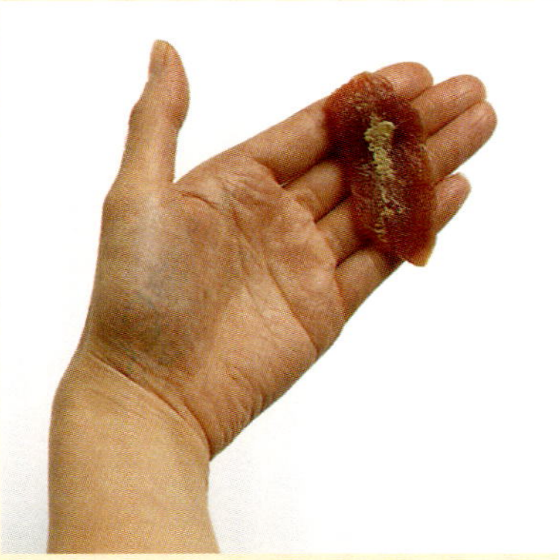

❸ Reis auf die Garnierung auf der linken Handfläche legen und mit dem linken Daumen leicht andrücken.

❹ Sushi mit dem Daumen festhalten und mit den übrigen Fingern Seiten andrücken.

❺ Finger der linken Hand um Sushi und Daumen auf das eine Ende der Rolle legen. Mit Zeige- und Mittelfinger der rechten Hand Sushi etwas flach drücken.

❻ Sushi in die rechte Hand nehmen und formen.

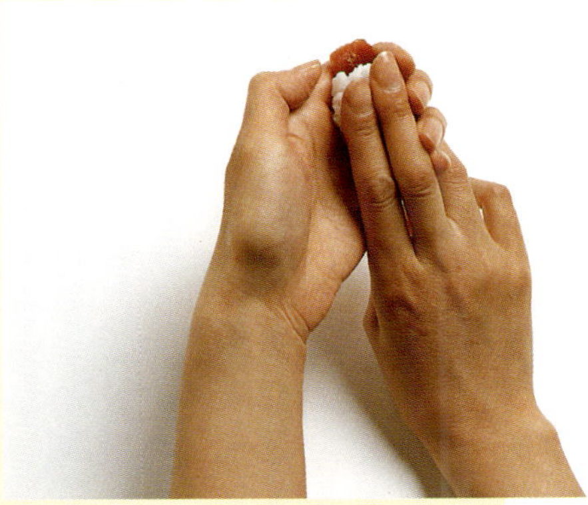

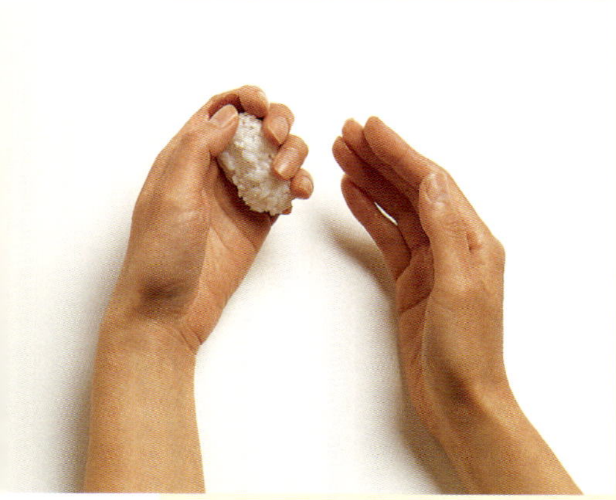

❼ Sushi wieder in die linke Hand nehmen, wobei das vom Daumen angedrückte Ende (Schritt 5) nach oben zeigt.

❽ Finger der linken Hand um Sushi legen und Schritt 5 wiederholen.

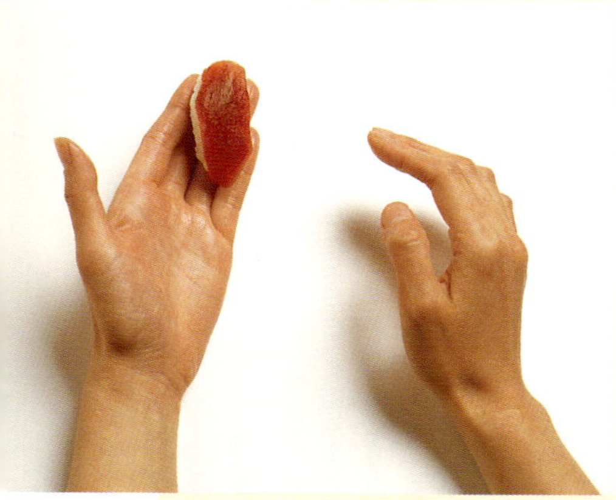

❾ Sushi auf der linken Handfläche drehen, sodass die Garnierung oben liegt.

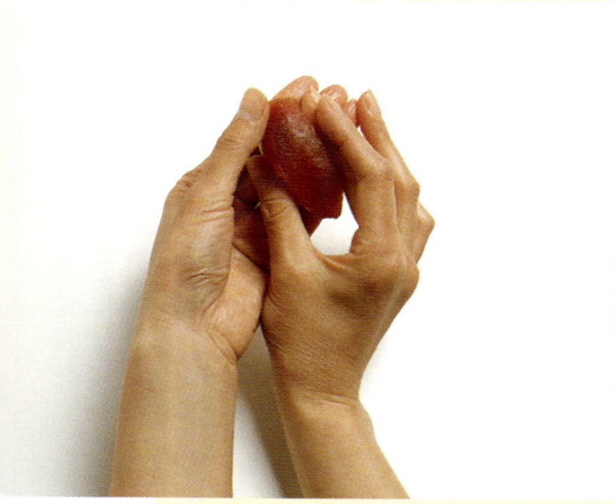

❿ Mit der rechten Hand Sushi nachformen.

Thunfisch, Brasse und Bonito

maguro, hamachi and katsuo

Thunfisch (*maguro*), Brasse (*hamachi*) und Bonito (*katsuo*) gelten als klassische Zutaten für Sushi. Für Finger-Sushi nur dünnen, zarten, in Faserrichtung geschnittenen Fisch, für gerollte Sushi auch Endstücke verwenden. Wegen der Größe von Thunfisch und Brasse kauft man besser Scheiben statt ganzen Fisch. Diese beim Filetieren in fünf Stücke teilen (s. S. 20–21) und Filets nochmals der Länge nach (*cho*) durchschneiden. Brasse ist nicht überall erhältlich. Der kleinere Bonito kann im Ganzen gekauft werden.

Bei Thunfisch ist der hell fleischige, fettigere Teil (*ōtoro*) recht teuer. Das rosafarbene, magerere Fleisch heißt *chutoro,* das rote Fleisch um das Rückgrat *akami.* Am günstigsten ist das ebenso köstliche rote Fleisch der kräftigen Schwanzmuskeln.

Brasse bietet weniger Auswahl an Fleischarten. Die äußere Fleischschicht hat am oberen Ende (*cho*) eine Stelle dunkles, geschmacksintensives Fleisch (*chiai*). Bei Scheiben von der Bauchseite ist dies nicht immer der Fall.

Zubereitung von Thunfisch, Brasse und Bonito

Bonito (*katsuo*) ist eine im ganzen Atlantik verbreitete Thunfischart. Er wird oft roh serviert, kann aber auch leicht gegrillt werden. Gegrilltes Fleisch vor der Verwendung für Sushi mit eiskaltem Wasser abschrecken. Bonito mit zerstoßenem Knoblauch oder frischem Ingwer servieren.

Sushi mit Thunfisch, Brasse oder Bonito wie auf S. 32–34 beschrieben mit Sushi-Reis und Meerrettich zubereiten.

Nigiri-zushi mit Thunfisch

Garnelen *ebi*

1 mittelere bis große, frische Garnele pro Sushi

Feuchte Holzstäbchen oder Metallspieße

Eisgekühltes Wasser

1 Portion Sushi-Reis (s. S. 25–26)

Japanischer Meerrettich

Zitronenscheiben und eingelegter Ingwer als Beilage

Garnelen werden meist gekocht serviert. Nur sehr frische Garnelen eignen sich roh zur Verarbeitung.

Beim Kochen ein Metallspießchen oder Holzstäbchen in die Garnelen stecken, damit sie gerade bleiben.

Am geeignetsten sind dafür Spießchen aus rostfreiem Edelstahl, traditionell werden Bambusstäbchen verwendet. Gekochte Garnelen in eisgekühltes Wasser tauchen. Sie behalten dadurch ihre Farbe und lassen sich besser vom Spießchen lösen.

1 2 3

❶ Kopf entfernen und Garnelen waschen. Mit Stäbchen den Darm entfernen. Stäbchen zwischen Schale und Gelenke stecken.
Wasser in einem Topf zum Kochen bringen und Garnelen hineinlegen.
Die Garnelen sind gar, wenn sie an die Oberfläche steigen.
Sofort in eisgekühltem Wasser abschrecken und Stäbchen entfernen.
❷ Garnelen auslösen, aber nicht den Schwanz. Schwanzspitzen am Ende schräg kürzen.
❸ Bauch der Garnelen aufschneiden. Rücken nicht durchtrennen.

4

❹ Zur Vorbereitung der Finger-Sushi Garnelen aufklappen und nach Belieben auch umgedreht, mit der Innenseite nach oben verwenden. Aus Garnelen, Sushi-Reis und Meerrettich Sushi wie auf S. 32–34 beschrieben herstellen. Mit Zitronenscheiben und eingelegtem Ingwer servieren.

Seeaal (Conger) *anago*

Die Zubereitung von frischem Aal ist manchmal recht langwierig. Für zu Hause empfiehlt sich der Kauf von gekochtem Seeaal oder Conger (*kabayaki*) im Asiengeschäft.

Sushi-Bars bieten oft Aal-Spezialitäten an. Dabei wird der Aal vor dem Kochen in einer Mischung aus Sojasoße, *Sake*, *Mirin* und Zucker zerlegt und mit gesüßtem *Mirin* beträufelt.

Zubereitung

Sushi auf traditionelle Weise wie auf S. 32–34 beschrieben mit Reis und Aalstückchen, jedoch ohne Meerrettich zubereiten. Die fertigen *nigiri-zushi* mit dünnen Streifen Seetang umbinden und mit etwas Sesam bestreut servieren.

Horse-clam *mirugai*

In Japan sind Schalentiere bekannt, werden aber weniger häufig als bei uns verwendet. Horse-clam oder Geoduck (*mirugai*) ist eine große Muschelart, die bei Japan und Nordwestamerika gefunden wird. Für Sushi-Rezepte zu Hause kann man ersatzweise Jakobsmuscheln verwenden.

Zubereitung

Saugmuskel entfernen und Hummerkrabbe mit kochendem Wasser übergießen, um Haut zu lösen. Häuten und gründlich reinigen. Fleisch in Faserrichtung schneiden und mit der breiten Messerseite weich klopfen. Sushi wie auf S. 32–34 beschrieben zubereiten. Einen Streifen Seetang um die Sushi binden.

Makrele und Alse *saba and kohada*

Makrele (*saba*) und Alse (*kohada*) gehören zur Familie der Heringe und werden in der üblichen Weise für Sushi zubereitet. In Japan nennt man sie auch *hikari-mono,* was so viel bedeutet wie „etwas Glänzendes", da die Haut nach Entfernung der Schuppen silbern schimmert. „Glänzende" Fische werden vor dem Verzehr für milderen Geschmack mariniert.

In asiatischen Fachgeschäften wird Alse oft als *nakazumi, shinko* oder *konoshiro* angeboten. Die einzelnen Begriffe beziehen sich auf den unterschiedlichen Reifegrad des Fisches.

1

2

3

❶ Makrele bzw. Alse filetieren und dabei in drei Stücke teilen (s. S. 18–19).

❷ Filets mit ausreichend Salz bestreuen. Alse 1 bis 2 Stunden bedeckt ziehen lassen, Makrele bis 4 Stunden.

❸ Salz abspülen und Filets in einer Mischung aus 125 ml Reisessig mit 2 Esslöffeln Zucker marinieren. Alse 15 Minuten und Makrele 30–60 Minuten bedeckt im Kühlschrank ruhen lassen. Bei ganz frischem Fisch kann die Marinierzeit verkürzt werden.

Nigiri-zushi mit Alse (links) und Makrele (rechts)

Sushi-Zubereitung

❹ Makrele für Sushi in Stücke von etwa 2,5 x 8 cm schneiden. Alse in zwei Stücke teilen. Haut der Alse einritzen, um den Kontrast von silberner Haut und Fleisch hervorzuheben.

❺ Makrele bzw. Alse mit Reis (s. S. 25–26) und Meerrettich zubereiten (s. S. 32–34). Mit fein geschnittenen Lauchzwiebeln und frischem geraspeltem Ingwer servieren bzw. garnieren.

Abalonemuschel

awabi

Abalonemuscheln zählen zu den großen Sushi-Köstlichkeiten. Früher wurden sie gekocht serviert; heute findet man in Japan auch Geschmack an ungekochten. Essbar ist der Saugfuß, d. h. der Muskel, mit dem sich die Muschel an Steinen festhält. Er ist wie alles Muskelfleisch recht zäh.

Beim Kauf für Sushi kleinere Abalonemuscheln wegen des zarteren Fleischs bevorzugen. Möglichst aus der Schale entfernen und reinigen lassen. Frisch lässt sich das Muskelfleisch nicht gut schneiden. Weniger frisch ist es weicher und farblich verändert. Möglichst bei einem Fischhändler kaufen, der lebende Muscheln anbietet.

1

2

3

❶ Fleisch der Abalonemuschel mit einer Bürste und viel Salz reinigen. Danach unter fließendem Wasser abspülen.
❷ Dunklen Rand um das Fleisch entfernen. Bei Muscheln von über 10 cm Durchmesser auch den oberen Teil des Muskels entfernen.
❸ Fleisch schräg aufschneiden.

4

❹ Für die Finger-Sushi Enden gerade abschneiden.
❺ Sushi mit Sushi-Reis (s. S. 25–26), japanischem Meerrettich und Muschelfleisch zubereiten (s. S. 32–34). Zum Schluss mit einem Streifen Seetang umwickeln und mit eingelegtem Ingwer servieren.

Seebrasse *tai*

Seebrasse gilt als der geeignetste Fisch für Sushi. Er wird nach dem Filetieren in drei Teile (S. 18–19) meist roh serviert. Nach Belieben die filetierten Fischstücke durch Überbrühen mit kochendem Wasser medium garen. Die traditionelle Methode ist unten abgebildet.

Andere Fische mit festem, blassem Fleisch wie Seebarsch (*suzuki*) und Sprotten werden ebenso zubereitet.

Seebrasse wird in der japanischen Küche sehr geschätzt und daher manchmal auch im Ganzen mit Sushi-Reis-Füllung serviert. Der ganze Fisch eignet sich gut als dekoratives Mittelstück für eine Sushi-Platte oder ein Buffet.

1

2

3

❶ Filetierte Seebrasse auf einen Teller legen und mit Stoff- oder Geschirrtuch bedecken.

❷ Vorsichtig kochend heißes Wasser darüber gießen.

❸ Die Haut des Filetstücks (rechts im Bild) hat den silbernen Glanz verloren. Das Fleisch bleibt fest, zart und weiß.

4

❹ Die Filetstücke in Streifen schneiden und *nigiri-zushi* mit Seebrasse, Sushi-Reis (s. S. 25–26) und Meerrettich (s. S. 32–34) zubereiten. Mit eingelegtem Ingwer und Extraportion japanischem Meerrettich servieren.

Omelett *tamago*

für 8-10 Finger-Sushi

5 EL *Dashi*-Brühe (s. S. 28)

5 EL Zucker

1 1/2 TL Sojasoße

1 1/2 TL Reiswein (*Sake*)

1/2 TL Salz

5 Eier, mit Raumtemperatur

Pflanzenöl zum Braten

Seetang in Streifen

Dünne, süße Omeletts werden als Garnierung für Finger-Sushi oder als Beilage verwendet. Zum Braten ist ein rechteckiges Crêpe-Eisen am besten geeignet. Alternativ eine runde, beschichtete Pfanne verwenden. Die hier angegebene Menge auch bei kleineren Portionen nicht reduzieren.

Omelett-Teig

Brühe, Zucker, Sojasoße, Reiswein und Salz in einem Topf bei geringer Hitze rühren, bis der Zucker sich auflöst. Vom Herd nehmen und bei Raumtemperatur abkühlen lassen.

Eier in einer Schüssel mit möglichst wenig Luft aufschlagen. Abgekühlte Mischung mit den geschlagenen Eiern verrühren.

1 2 3

❶ Ein Viertel des Teigs in eine erhitzte, leicht eingefettete Pfanne gießen. Pfanne schwenken, damit sich der Teig gleichmäßig verteilt. Masse garen, bis sie stockt, dabei Luftblasen aufdrücken.

❷ Mit einem Spatel oder Stäbchen Omelett zur Hälfte einschlagen, dann die Pfanne an freier Stelle leicht einölen.

❸ Ein Drittel der übrigen Mischung auf die eingefettete Stelle gießen. In der Pfanne verteilen und fertiges Omelett anheben, damit der Teig sich darunter verteilen kann.

4

Vorgang wiederholen, wenn die Masse stockt.

❹ Vorgang zwei weitere Mal mit restlichem Teig wiederholen. Zum Schluss das Omelett wie abgebildet falten. Aus der Pfanne auf eine Platte gleiten lassen. Vor dem Schneiden abkühlen lassen.

❺ Sushi mit Omelett zubereiten (s. S. 32–34) und mit Seetang zusammen binden. Wahlweise zwei dünne Omeletts mit fein geraspeltem, ausgedrücktem weißem Rettich servieren.

Heilbutt und Lachs

hirame and sake

Verschiedene Arten von Plattfisch werden auf stets gleiche Weise für Sushi verarbeitet. Heilbutt (*hirame*) ist in mancherorts auch als „Pferdezunge" und „Riesenscholle" bekannt. Das begehrteste Stück ist das Fleisch neben den Seitenflossen.

Zubereitung

Das Fleisch von Heilbutt kann ohne größere Vorbereitungen zugeschnitten und für Sushi verwendet werden. Wahlweise kurz in einer Mischung von fein geschnittenen Lauchzwiebeln, scharfer chinesischer Chilipaste und Zitronensoße (*ponzu*) einlegen.

Lachs für *Sashimi* wie Plattfisch zubereiten. In Japan wird Lachs meist nicht roh verwendet, sondern zur Konservierung eingesalzen. Gesalzener Fisch ist für *Sashimi* nicht geeignet. In Ländern, wo Lachs sich großer Beliebtheit erfreut, haben auch *Sashimi* und *Nigiri-zushi* mit Lachs Konjunktur.

Nach Zubereitung der Sushi wie angegeben (s. S. 32–34) mit fein geschnittenen Lauchzwiebeln und geraspeltem weißen Rettich garnieren (s. S. 24).

Nigiri-zushi mit Heilbutt (oben) und Lachs

Tintenfisch *tako*

Tintenfisch stets kurz kochen, nie roh servieren und für Sushi immer nur die Tentakeln verwenden. Selbst gekocht nur ganz frischen, sehr zarten Tintenfisch servieren.

Der Verzehr von nicht ganz frischem Tintenfisch kann ebenso wie bei Schalentieren mehr oder minder starke Magenbeschwerden verursachen. Deshalb nur in Fachgeschäften einkaufen, die fachmännische Verarbeitung von frischem, feucht-nassem Tintenfisch garantieren. (Ein Sushi-Chef nimmt nur lebende Tintenfische.) Es ist nicht immer leicht zu beurteilen, ob Tintenfisch frisch ist, doch deuten blassgraue, gefleckte Haut und Tentakeln auf mangelnde Frische hin.

Zubereitung

Wasser in einem großen Topf erhitzen, bis es sprudelnd kocht. Gesäuberten, frischen Tintenfisch langsam mit den Tentakeln zuerst hineinlegen. Kochen, bis Tentakeln rot und elastisch sind.

Tentakeln mit sehr scharfem Messer in Faserrichtung schneiden. Der Sushi-Chef bewegt sein Messer dabei leicht auf und ab, um den Tintenfisch besser durchschneiden zu können und schönere Scheiben zu erhalten. Dunklere Schicht der Oberseite der Tentakeln, nicht aber Unterseite mit Saugern entfernen. Mit einem Messer die Unterseite für besseren Halt auf den fertigen Sushi einritzen.

Sushi wie beschrieben (s. S. 32–34) und mit Seetang umwickelt zubereiten. Japanischen Meerrettich als Beilage servieren.

Kalmar *ika*

Kalmar wird oft für Sushi verwendet. Bis vor einigen Jahren wurde er stets gekocht. Durch Kochen nimmt er eine violettrote Farbe an. Roher Kalmar ist blass weiß mit eigentümlicher Konsistenz. In vielen modernen Sushi-Lokalen wird er roh und gekocht angeboten.

Während bei Tintenfisch die Tentakeln am interessantesten sind, ist bei Kalmar der Körper der dekorativste Teil.

Zubereitung

Hände buchstäblich mit Salz bedecken. Kalmar-Körper mit der einen Hand, Tentakeln mit der anderen fassen. Tentakeln mit Innereien aus dem Körper reißen. Innereien nicht verwenden. Körper mit reichlich Salz reinigen. Flossen und dicke Haut abziehen, nicht verwenden. Körper waschen und trocknen. Der Kalmar kann nun in Scheiben geschnitten und roh bzw. gekocht serviert werden.

Zubereitung

Körper an einer Seite aufschneiden und ausbreiten. Oberfläche alle 5 mm schräg einritzen, um ein Einrollen beim Kochen zu verhindern und für ein dekoratives Muster. Wasser in großem Topf erhitzen, bis es sprudelnd kocht, Kalmar hineinlegen und 15 Sekunden kochen. Sofort herausnehmen, abtropfen und abkühlen lassen.

Wahlweise kann man Kalmar auch in einer Mischung aus eingekochter Dashi-Brühe (s. S. 28), Sojasoße und Sake mit Zucker garen.

Abgekühlten Kalmar in Scheiben schneiden und Sushi wie beschrieben zubereiten (s. S. 32–34).

Nigiri-zushi mit rohem Kalmar und Rogen (links oben), ungekocht (oben rechts) und gekocht mit Seetang umwickelt (unten links).

Gerollte Sushi

maki-zushi

Kapitel 3

Zubereitung von gerollten Sushi *maki-zushi*

1 Portion Sushi-Reis (s. S. 25–26)

Füllungen, frisch zubereitet, in Scheiben (s. S. 55–56)

Japanischer Meerrettich

Sojasoße und eingelegter Ingwer als Beilage

Sushi, die mit einer Bambusrollmatte aufgerollt werden, heißen *maki-zushi*. Dabei spielen Anordnung von Sushi-Reis, Seetang und anderen Zutaten sowie Größe der Sushi keine Rolle. Kleine Sushi mit ein oder zwei Zutaten als Füllung nennt man auch *hoso-maki* (s. Einführung), größere Rollen mit drei oder mehr Zutaten *futo-maki*.

Die Füllung für Sushi kann fast beliebig zubereitet werden, traditionell werden jedoch gekochter Spinat, Karotten, Gurken, gekochter, getrockneter Kürbis, *Shiitake*-Pilze in Scheiben, Omelett, Bambussprossen, Klettenwurzel, Fischpaste und Meeresfrüchte verwendet.

Maki-zushi ist oft das erste japanische Gericht, das Fremde versuchen. Das mag daran liegen, dass gerollte Sushi leicht aufzunehmen sind oder daran, dass Farbe, Geschmack und Biss sehr appetitanregend sind. Chefköche in Japan und der ganzen Welt sind stets dabei, neue Zutatenkombinationen und Präsentationsformen zu entdecken. Ein Beispiel für künstlerische Kreativität dieser Art ist die Regenbogen-Rolle auf S. 64.

Gerollte Sushi sollten – wie alle Sushi – unverzüglich verzehrt werden. Sie können bis zu einer Stunde gekühlt aufbewahrt werden, doch wird der Reis schnell hart und Fisch verliert seine Frische. Nach drei bis vier Stunden ist der Reis ungenießbar.

Für die Zubereitung von gerollten Sushi eine Portion Sushi-Reis gebrauchsfertig bereitstellen (s. S. 25–26) sowie Seetang, frisches, fein geschnittenes Gemüse, Fisch bzw. Omelett, Sesam und japanischen Meerrettich. Ebenfalls eine Bambusrollmatte, ein scharfes Messer und eine kleine Schale mit einer Mischung aus Reisessig und Wasser griffbereit halten.

❶ Seetang halbieren und auf die Bambusrollmatte legen. Eine Schicht Sushi-Reis etwa 9 mm dick auf dem Seetang verteilen. Dabei einen Rand entlang der Längsseite aussparen.

❷ Reis sparsam mit Meerrettich bestreichen und Garnierung bzw. Füllung (im Bild getrockneter Kürbis) gleichmäßig entlang der Mitte verteilen. Gekochten getrockneten Kürbis oder eingelegte Klettenwurzel mit geröstetem Sesam bestreuen.

❸ Matte von der Tischkante her aufrollen. Dabei die Füllung festhalten und Rolle fest und gleichmäßig aufwickeln, ohne die Füllung herauszudrücken. Durch die Feuchtigkeit im Reis bekommt der Seetang Halt und löst sich nicht.

❹ Das Ende der Matte gerade ziehen, bevor die Sushi-Rolle vollständig eingewickelt ist, um die Matte nicht mit aufzurollen. Fertig rollen und für besseren Halt die Rolle andrücken. Wahlweise auch flachdrücken.

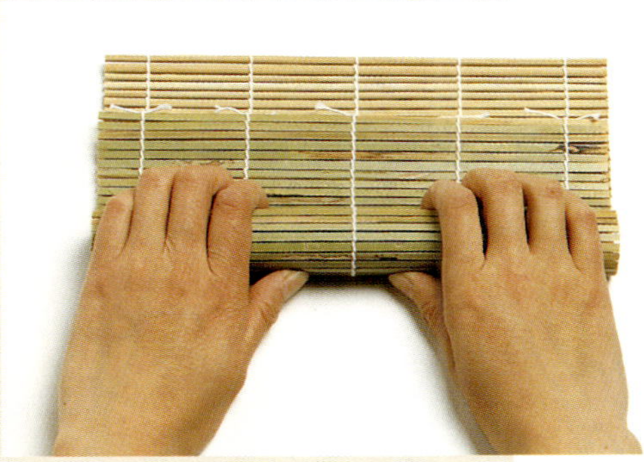

❺ Bambusrollmatte vorsichtig abziehen. Gegebenenfalls Enden der Rolle eindrücken.

❻ Messerspitze in die Mischung aus Reisessig und Wasser tauchen. Messer mit der Spitze nach oben halten und mit dem Griff auf den Tisch klopfen, um die Flüssigkeit zu verteilen. Nach Bedarf beim Schneiden der Rolle wiederholen.

❼ Sushi-Rolle auf ein Brett legen und halbieren. Bei Füllungen wie Karotten oder getrocknetem Kürbis Messer beim Schneiden leicht auf und ab bewegen. Mit der Hand auf den Messerrücken schlagen, um die Füllung durchzutrennen.

❽ Sushi-Hälften seitlich nebeneinander legen und dritteln. Sushi so anrichten, dass die Füllung sichtbar ist.

Kürbisröllchen *kampyō-maki*

In asiatischen Fachgeschäften kann man viel getrocknetes Gemüse kaufen, zum Beispiel Pilze, Seetang und verschiedenfarbige Streifen und Blätter. Getrocknete Nahrungsmittel sind ein wichtiger Bestandteil der japanischen Küche und auch bei uns leicht erhältlich. Geschmack und Konsistenz vieler Produkte der japanischen Küche stammen oft von Trockengemüsen.

Sushi-Röllchen mit *kampuyō* bzw. Kürbis oder Kalebasch sind in Japan sehr beliebt.

Zubereitung
Kürbis einweichen (s. S. 15) und Röllchen nach Anleitung zubereiten (s. S. 52–54). Kürbisröllchen auf Schwarznessel (s. S. 13) dekorieren und servieren.

Sushi-Röllchen mit eingelegtem Rettich und Gurkenröllchen

takuwan-maki and kappa-maki

für 4 große Rollen bzw. 24 Stück

2 Seetang-Blätter, halbiert

1 Portion Sushi-Reis (s. S. 25–26)

Japanischer Meerrettich

1 japanischer Rettich, eingelegt, in 19 cm langen Streifen

1 Gurke, in 19 cm langen Streifen

2 TL gerösteter Sesam

Schälchen mit Wasser, Reisessig und Zitronenscheibe (s. S. 22)

Diese Röllchen werden auch als „Familien-Sushi" bezeichnet, da sie in Japan oft zu Hause zubereitet werden.

1

2

❶ Ein Blatt Seetang auf eine Bambusrollmatte legen und 9 mm dick mit Sushi-Reis bestreichen. Dabei die Ränder an der Längsseite aussparen. Für Gurkenröllchen entlang der Mitte mit der Fingerspitze mit Meerrettich bestreichen.

❷ Mit einem Streifen eingelegtem Rettich belegen und einem halben Teelöffel geröstetem Sesam bestreuen.

3

4

5

❸ Bambusrollmatte aufrollen. Dabei gleichmäßig fest andrücken.
❹ Bevor die Sushi-Rolle vollständig eingewickelt ist, Ende der Bambusrollmatte glatt ziehen, um diese nicht einzurollen. Fertig aufrollen und für besseren Halt die Rolle andrücken.
❺ Bambusrollmatte vorsichtig aufrollen. Das Ganze für drei weitere Rettich- bzw. Gurkenröllchen wiederholen. Die Sushi-Röllchen nach Anleitung aufschneiden (s. S. 54) und arrangieren (s. Abb. oben). Mit eingelegtem Ingwer servieren.

Sushi-Rollen mit Fischpaste *futo-maki*

für 2 Rollen (*maki*) bzw. 12 Stück

oboro

200g kleiner, weißfleischiger, roher Fisch, gesäubert, ohne Schuppen und Kopf

Koschenille bzw. rote Lebensmittelfarbe

1 EL Zucker

1 EL Reiswein

Salz

Oboro ist mit Koschinelle oder Lebensmittelfarbe rosarot eingefärbte Fischpaste. Man findet sie in asiatischen Geschäften oder kann sie selbst herstellen.

Oboro selbst gemacht

Den Fisch in Wasser gar kochen. Vom Herd nehmen. Vor dem Enthäuten und Entfernen der Gräten abkühlen lassen. Zum Abtrocknen in ein Tuch schlagen und vorsichtig abtupfen.

Fisch mit einem Stößel im Mörser zerkleinern. Ein paar Tropfen Farbe zugeben, um eine rosarote Färbung zu erhalten.

Zerkleinerten Fisch in einem schweren Topf mit den restlichen Zutaten bei mäßiger Hitze unter ständigem Rühren kochen, bis die Flüssigkeit verdampft ist.

Vor Gebrauch abkühlen lassen.

1

2

3

❶ Ein Blatt Seetang auf eine Bambusrollmatte legen. Reis 9 mm dick darauf verteilen, Ränder an der Längsseite dabei aussparen. Spinat auf den Reis legen.

❷ Fischpaste, Omelett und abschließend den gekochten Kürbisstreifen auf den Reis legen.

❸ Matte von der Tischkante her aufrollen. Dabei Füllung mit den Fingern in Position halten. Möglichst fest und gleichmäßig rollen. Überstehende Enden des Seetangs in die Rolle stecken.

große Sushi-Rollen

2 Blatt Seetang

1 Portion Sushi-Reis (s. S. 25–26)

125 g Spinat, gekocht und abgetropft

2 Streifen Omelett, 20 cm lang (s. S. 46–47)

6 EL Fischpaste

8 Kürbisstreifen, 20 cm lang, eingeweicht und gekocht (s. S. 15)

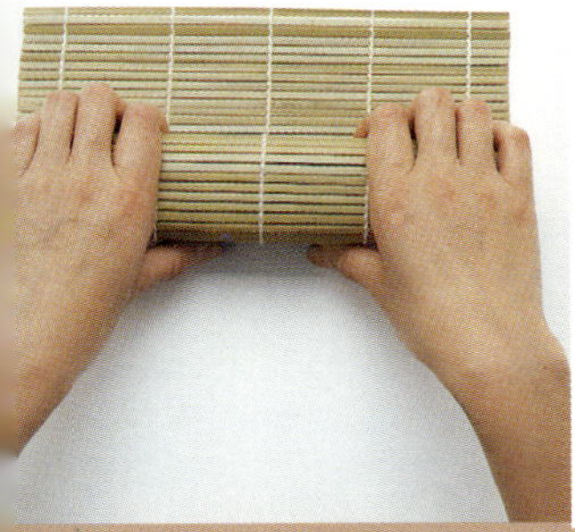

4

5

❹ Sushi-Rolle in der Bambusrollmatte andrücken. Füllung am Ende fest in die Rolle drücken. Nach Belieben Rolle flach oder leicht oval formen.
❺ Bambusrollmatte aufrollen. Die *futo-maki* auf eine glatte Oberfläche legen und zur Hälfte durchschneiden. Beide Hälften nebeneinander legen und dritteln. Mit der zweiten Rolle ebenso verfahren.

California-Rolls „inside-out"

für 3 Rollen bzw. 18 Stück

Klarsichtfolie

3 halbe Blätter Seetang

1 Portion Sushi-Reis (s. S. 25–26)

Japanischer Meerrettich

Gurke in dünnen Scheiben

1 Avocado

150 g Krabbenfleisch

Gerösteter Sesam und Rogen (nach Belieben) als Beilage

Die „California-Roll" zählt nicht zu den klassischen Sushi-Rezepten, ist jedoch in den USA und andernorts dank der ausgezeichneten Kombination von Zutaten – gekochtes Krabbenfleisch, Avocado und Gurke – sehr beliebt.

Die sogenannten „inside-out"-Sushi mit einer äußeren Schicht aus Reis können zwar auch als kleinere Röllchen zubereitet werden, eignen sich aber vor allem für größere Portionen. Die vegetarische Variante der California-Roll wird mit Gurken, gekochtem Kürbis (s. S. 15), dünn geschnittener, gekochter Karotte, Zuckererbsen und Frischkäse zubereitet.

Die Avocado halbieren. Fleisch um den Stein lösen, Stein entfernen. Fleisch jeder Hälfte möglichst ganz mit einem Löffel herausheben. In Streifen schneiden.

1 2 3

❶ Bambusrollmatte mit Klarsichtfolie abdecken. Seetang darauf legen und mit einer dünnen Schicht Sushi-Reis bedecken. Finger in eine Mischung aus Reisessig und Wasser tauchen (s. S. 22) und Reis leicht auf dem Seetang festdrücken.
❷ Seetang mit Reis auf der Klarsichtfolie wenden. Seetang mit etwas japanischem Meerrettich bestreichen.
❸ Mit Gurken, Avocado und Krabbenfleisch belegen.

4

5

6

❹ Bambusrollmatte vorsichtig aufrollen und Zutaten dabei mit der ganzen Hand in Position halten.

❺ Rolle fest- und in Form drücken.

❻ Matte aufrollen und Klarsichtfolie entfernen. Sushi-Rolle mit Sesam und Rogen garnieren und in sechs Stücke schneiden. Noch zwei weitere Sushi-Rollen in gleicher Weise zubereiten.

Räucherlachs-Sushi „inside-out"

für 3 Rollen bzw. 18 Stück

Klarsichtfolie

3 halbe Blatt Seetang

1 Portion Sushi-Reis (s. S. 25–26)

5 cm lange Gurke in dünnen Streifen

2 Frühlingszwiebeln in feinen Streifen

6 Streifen Räucherlachs oder Lachsschinken in 20 cm langen Streifen

90 g Frischkäse in dünnen langen Streifen

Frühlingszwiebeln und Sesam zum Garnieren

Räucherlachs und Frischkäse gehören zwar traditionell nicht zu den Zutaten für Sushi. Räucherlachs ist in Japan sogar nur unter dem englischen Begriff als *smoked salmon* bekannt. Wie viele andere Zutaten sind Räucherlachs und Frischkäse mittlerweile jedoch wichtiger Bestandteil der Sushi-Kultur geworden. Räucherlachs-Sushi eignen sich auch für jemanden, der keinen rohen Fisch isst. Für die Sushi hauchdünne, transparente Scheiben Lachs verwenden, der schonend geräuchert wurde. Räucherlachs-Sushi werden auch als „Koscher-Sushi" bezeichnet.

1

2

❶ Bambusrollmatte mit Klarsichtfolie abdecken. Seetang darauf legen und mit einer dünnen Schicht Sushi-Reis bedecken. Finger in eine Mischung aus Reisessig und Wasser tauchen (s. S. 22) und Reis leicht auf dem Seetang festdrücken.
❷ Seetang mit Reis auf der Klarsichtfolie wenden. Seetang mit ein paar Gurkenstreifen und Frühlingszwiebeln belegen.
❸ Großzügig mit Lachstreifen belegen, damit der zarte Lachsgeschmack beim Essen bemerkbar bleibt.

3

4

5

❹ Frischkäse neben Lachsstreifen legen. Die Füllung so platzieren, dass sie vorn an der Seite liegt, von der aus die Sushi aufgerollt wird (in der Abbildung hinten). Vorsichtig aufwickeln und dabei die Zutaten mit den Händen in Position halten.

❺ Matte aufrollen und Klarsichtfolie entfernen. Rolle halbieren, dann nebeneinander legen und dritteln.

❻ In gleicher Weise zwei weitere Rollen zubereiten. Mit Sesam und fein geschnittenen Frühlingszwiebeln bestreut servieren.

Regenbogen-Sushi

Regenbogen-Sushi sind eine farbenfrohe Variante von „inside-out"-Rollen. Am einfachsten lassen sie sich mit Klarsichtfolie herstellen. Früher verwendete man ein Stofftuch oder eine nasse Bambusrollmatte.

Zubereitung und Zutaten sind im Grunde die gleichen wie für die California-Roll (s. S. 60–61). Zusätzlich werden dünne Streifen Fisch und Avocado auf die fertige Rolle gelegt. Dazu Fisch mit verschiedenfarbigem Fleisch aussuchen – beispielsweise weißen Heilbutt, cremefarbenen Gelbschwanz und orangefarbenen Räucherlachs oder roten Bonito.

1 2 3

❶ California-Roll zubereiten (s. Arbeitsschritte 1–5, S. 60–61). Fisch und Avocado für die Garnierung fein schneiden.

❷ Matte abrollen, Klarsichtfolie entfernen und California-Roll auf eine glatte Oberfläche legen. Abwechselnd quer mit Fisch- und Avocadostreifen belegen.

❸ Fisch- und Avocadostreifen beim Garnieren farblich auf einander abstimmen.

4

❹ Bambusrollmatte mit Klarsichtfolie bedecken. Belegte Sushi-Rolle vorsichtig darauf legen. Sushi-Rolle aufrollen, in Form pressen und dabei die Fisch- und Avocadostreifen in den Reis drücken. Matte abrollen, Klarsichtfolie entfernen und Rolle in zwei oder drei Stücke teilen. Die Enden gerade abschneiden. Regenbogen-Sushi mit *oba* servieren (s. S. 13).

Kleine, scharfe Thunfisch-Sushi

Japanischer Meerrettich und Essig waren traditionell die einzigen Würzmittel für Sushi. Seit einigen Jahren wird jedoch eine neue Würzart immer beliebter. Da man sich an marinierten Garnierungen bei Finger-Sushi schnell Lippen oder Zunge verbrennt, sind scharfe Sushi meist gerollt, denn hier vermischen sich Schärfe und Geschmack der übrigen Zutaten, bevor die Geschmacksnerven gereizt werden.

Die neuen Hauptwürzmittel sind scharfe chinesische Chilipaste, Frühlingszwiebeln und Radieschensprossen. Außer für extra scharfe Gerichte stets sparsam verwenden.

Würzige Marinade

Für Thunfisch (oder Bonito) 2 Esslöffel Sojasoße mit $^1/_2$ Teelöffel scharfer chinesischer Chilipaste verrühren, über den Fisch gießen und mit fein gehackten Frühlingszwiebeln bestreuen. Fisch eine Stunde bedeckt an einem kühlen Ort marinieren. Vor der Verwendung gut abtropfen lassen. Würzige Thunfisch-Röllchen nach Anleitung zubereiten (s. S. 52–54).

Sushi-Kreationen

Kapitel 4

Handgerollte Sushi *temaki-zushi*

Wie die Verwendung bestimmter Zutaten ist auch die Herstellung von handgerollten Sushi relativ neu.

„Roll dir deine eigene" Sushi ist das Motto für Parties und Buffets. Halbe Seetangblätter eignen sich gut, wenn man beim Rollen der Sushi sitzen kann, für ein Buffet sind Viertel besser. Wahlweise statt Seetang, Eisberg- oder Romagnasalat verwenden.

Mögliche Füllung sind: gegrillte Hühnchenbrust, Pastete, Tartar bzw. Rinderhack, Rogen, Garnelen, Räucherlachs, Thunfisch frisch oder aus der Dose, Krabben, Omelett, Avocado, Kürbis, Karotten, Kresse, Gurken, Frühlingszwiebeln, eingelegter Ingwer, gekochter Spinat, Radieschensprossen, japanischer Meerrettich, scharfe chinesische Chilipaste und Frischkäse.

für 8 große oder 16 kleine *temaki*

Omelett (s. S. 46–47) in Streifen

4 cm Stück Gurke: 6 Scheiben abschneiden und in dünne Streifen schneiden

1/2 Avocado in Streifen

1–2 Rollmöpse in Streifen

1 Handvoll Kresse

100 g Thunfisch aus der Dose mit Saft

1 EL Mayonnaise

Sojasoße

Japanischer Meerrettich

1 Portion Sushi-Reis (s. S. 25–26)

4 Blatt Seetang, geviertelt oder halbiert

Omelett, Gurke, Avocado, Rollmops und Kresse auf einer Servierplatte anrichten. Thunfisch abtropfen lassen, mit Mayonnaise verrühren und mit einem Löffel auf die Platte setzen.

Sojasoße und japanischen Meerrettich pro Person mit einem Löffel in Schüsseln verteilen. Sushi-Reis und Seetangblätter getrennt servieren.

Beim Essen stellt jeder Gast seine eigenen Sushi zusammen. Dazu einen Esslöffel Reis gleichmäßig auf einem Stück Seetang verteilen und mit etwas japanischem Meerrettich bestreichen. Dann eine Kombination von zwei oder drei Füllungen in die Mitte legen und Seetang vorsichtig kegelförmig aufrollen. Vor dem Abbeißen in Sojasoße tauchen.

Sushi in Lachshaut *temaki-zushi*

für 8 Rollen (*temaki*)

2–3 Scheiben Lachs, roh mit Haut

4 cm Stück Gurke: 6 Scheiben abschneiden und in dünne Streifen schneiden

1 Handvoll Kresse

2 El Bonitoflocken

Japanischer Meerrettich

Eingelegter Ingwer

Schwarznessel (s. S. 13)

1 Portion Sushi-Reis (s. S. 25–26)

8 halbe Seetangblätter

Diese *temaki* mit Lachs und andere Sushi, bei denen traditionelle japanische Zutaten durch westliche ersetzt werden, heißen *yoshoku-zushi*, was so viel bedeutet wie „Sushi im Stil des Westens". Das geschmacklich intensivste Element dieser Sushi ist gegrillter Lachs mit Haut.

Als Alternative Lachs aus der Dose mit Mayonnaise verrühren und mit Kresse servieren.

Während bei gerollten Sushi die Festigkeit wichtig ist, werden *temaki-sushi* nur locker kegelförmig aufgerollt. Diese Art von Sushi nie im Voraus zubereiten, da der Seetang sonst aufweicht. Stets „rollen und essen".

1

2

3

❶ Lachs mit der Haut nach oben grillen, bis das Fleisch gar und die Haut knusprig ist.
❷ Lachs vor dem Schneiden abkühlen lassen. Lachs, Gurke, Kresse und Bonitoflocken auf einer großen Platte servieren. Japanischen Meerrettich in vier Schälchen füllen. Eingelegten Ingwer, Schwarznessel, Reis und Seetang extra anrichten.

4

❸ Jeder bereitet seine eigene Sushi zu. Dafür einen Esslöffel Reis auf dem Seetang verteilen, Reis mit Meerrettich bestreichen und mit Lachs, Gurke, Kresse und Bonitoflocken belegen.
❹ Sushi kegelförmig aufrollen. Mit eingelegtem Ingwer und Schwarznessel servieren.

Sushi-Schiffchen *gunkan-maki*

Gunkan-maki bedeutet soviel wie Sushi-Schiffchen und beschreibt die mit weichen Füllungen „beladene" Form. Eine mögliche Füllung ist Rogen.

Zu den bekanntesten Arten zählt rotgelber Lachsrogen (*ikura*), einer der größten Rogenarten überhaupt, der wie Kaviar abgepackt angeboten wird. Es gibt auch kleineren, braunroten, gesalzenen Kabeljaurogen (*tarako*), gelben, gesalzenen Heringsrogen (*kazu-no-ko)*, Rogen von Seehase sowie den teuren Kaviar vom Stör. *Komochi konbu* ist Seetang (Konbu), auf dem Hering gelaicht hat. Ein Streifen davon kann auf ein Sushi-Schiffchen gelegt werden.

Gesalzenem Heringsrogen (*kazu-no-ko*) wird das Salz entzogen, wenn man ihn zwei Stunden vor Gebrauch in Wasser einlegt.

1 2

❶ Seetang in Streifen von etwa 12 x 4 cm schneiden. Die Streifen links platzieren. In die rechte Hand ein Bällchen Sushi-Reis (s. S. 25–26) nehmen, an der Schüsselwand zu einer länglichen Rolle drehen und in die Mitte des Seetangs setzen.
❷ Seetang leicht schräg um den Reis wickeln, so dass die Öffnung an einer Seite größer ist. Dies entspricht nicht nur der japanischen Vorliebe für asymmetrische Formen, sondern erleichtert auch die Zubereitung des Sushi-Schiffchens.

3

4

❸ Überstehende Enden des Seetangs unter das „Schiffchen" falten und in den Reis drücken.

❹ *Gunkan-maki* auf eine Platte setzen und mit Lachsrogen füllen. Mit etwas japanischem Meerrettich und fächerförmig angeordneten Gurkenstreifen garnieren.

Sushi mit Jakobsmuscheln und Austern *gunkan-maki* und *kaki*

Eine lebende Jakobsmuschel (*hotate-gai*) hält sich nicht still auf dem Meeresboden auf, sondern bewegt sich durch Öffnen und Schließen der Schale schnell im Wasser fort. Dies wird durch einen entsprechend großen Schließmuskel ermöglicht, der auch für Sushi verwendet wird. Wie bei Ablonemuscheln ist auch der Rest essbar, wird aber meist nicht für Sushi verwendet.

Auster in der Schale (links) und Sushi mit Jakobsmuschel (rechts)

Zubereitung

Die meisten Sushi-Bars verwenden tiefgekühlte Jakobsmuscheln. Die kleineren werden in Würfel geschnitten für Sushi-Schiffchen verwendet, die größeren für Finger-Sushi.

Der elfenbeinfarbene Muskel sitzt zwischen Muschelfleisch in der Schalenmitte. Jakobsmuscheln verlieren wie viele andere Schalentiere ihre Zartheit erst durch Kochen. Schon nach fünf Minuten können zarte Muscheln zäh wie Gummi sein; deshalb die Garzeiten so kurz wie möglich halten.

Austern (*kaki*) werden meist mit halb offener Schale serviert, aber auch auf Schiffchen aus Seetang mit Sushi-Reis. Kleine Austern ganz, bei größeren das Fleisch gewürfelt servieren.

Jakobsmuscheln bzw. Austern nach Vorschrift zubereiten (s. S. 72–73) und mit etwas Rogen, fein gehackten Frühlingszwiebeln, Schwarznessel (s. S. 13), geraspeltetem Rettich als Garnierung (s. S. 24) oder – ganz modern – mit Mayonnaise servieren.

Belegter Sushi-Reis *chirashi-zushi*

Die hier beschriebene Art von belegtem Sushi-Reis heißt *Kanto-fu chirashi-zushi*, nach der Region Kanto im Osten Japans, woher er stammt. Er besteht aus einer Schicht Reis (für 3 Personen Rezeptmenge mal 2), die mit verschiedenen Arten Fisch und Gemüse garniert wird. Üblicherweise gehören auch Omelett, Kürbis und *Shiitake*-Pilze dazu.

Zubereitung

Für belegten Sushi-Reis dann aus folgenden Zutaten wählen: Bambussprossen, Frischkäse in Streifen, Seetangblätter in Streifen, Radieschensprossen, fritierter Tofu in Streifen, Gurkenscheiben, grüne Bohnen, japanischer Meerrettich, eingelegte Lotuswurzeln (nach 10-minütigem Einweichen in Reisessig und Wasser), eingelegter Ingwer, gewürzte Shiitake-Pilze, gekochter Spinat, Omelett, Muscheln, Tartar bzw. Rinderhack, gegrilltem Hühnchen, Bonito, Krabbenfleisch, Aal, gepresster Fisch, Brasse, Alse, Garnelen, Räucherlachs, Kalmar, Thunfisch und Gelbschwanz.

Wie handgerollte Sushi (*temaki-zushi*) kommt auch selbst belegter Sushi-Reis auf Parties stets gut an. Mit Suppen und Beilagen wie Salaten oder gedämpftem Gemüse servieren.

Es gibt unzählige Varianten der Garnierung von belegtem Sushi-Reis. Deshalb gilt es, durch Ausprobieren die persönliche Lieblingszusammenstellung herauszufinden.

Fritierte Tofu-Taschen

inari-zushi

für 8 Tofu-Taschen (*inari-zushi*)

4 Tofu-Taschen halbiert

1 Portion Sushi-Reis (s. S. 25–26)

Gerösteter Sesam

Eingelegter Ingwer

Zum Schmoren:

225 ml *Dashi*-Brühe (s. S. 28)

3 EL Zucker

3 EL Sojasoße

1 EL süßer Reiswein

Tofu-Taschen (*abura-age*) gibt es gefroren oder gekühlt in japanischen bzw. asiatischen Geschäften oder im Supermarkt. Vor dem Füllen mit Sushi-Reis, geröstetem Sesam und eingelegtem Ingwer werden sie in *Dashi*-Brühe geschmort. Geschmacklich sind *Inari* gewöhnungsbedürftig, da sie nicht auffallend gewürzt, sondern eher leicht fade schmecken.

Geschmorte, gefüllte und eingefrorene Tofu-Taschen halten sich gut; aufgetaut sollten sie stets innerhalb eines Tages nach dem Erwerb aufgebraucht werden.

❶ Zum Öffnen Tofu-Tasche auf die eine Handfläche legen und mit der anderen Hand kurz darauf schlagen.
❷ Teig in der Mitte lösen und aufklappen, so erhält man eine Tasche.

3

4

❸ Mit Sushi-Reis füllen. Reis mit dem Daumen andrücken. Mit Sesam oder dünn geschnittenem eingelegtem Ingwer bestreuen.
❹ Zum Servieren Tasche umdrehen, Enden unterschlagen und in den Reis drücken. Mit eingelegtem Ingwer garnieren.

Glossar

abura-age	fritierter Tofu
age-mono	Fritieren von Lebensmitteln
akami	dunkles Fischfleisch aus der Körpermitte
anago	Seeaal, Conger
ao-nori	getrocknete Seetangflocken
awabi	Abalonemuschel
buri	Kingfisch (große Brasse)
chiai	äußere dunkelfleischige Schicht eines Fischs
chirashi-zushi	belegter Sushi-Reis
cho	länglich aufgeschnittene Seitenfilets bei Fisch
daikon	japanischer Rettich, manchmal auch weißer Riesenrettich oder *Mooli* genannt
dashi	japanische Brühe, *Dashi*-Brühe
ebi	Garnelen bzw. Hummer
engawa	Fleisch in Flossennähe bei Plattfisch
futo-maki	große Sushi-Rolle
gari	eingelegter Ingwer
goma	Sesam
gomai oroshi	Fünfteilung eines Fischs
gomoku-zushi	Art von belegtem Sushi-Reis
gunkan-maki	Sushi-Schiffchen
hako-zushi	gepresste Sushi oder Sushi in Box
hamachi	junger Gelbschwanz
hangiri	große Schüssel für Sushi-Reis
hikari-mono	„etwas Glänzendes", glänzende Fischhaut
hirame	Heilbutt
hōchō	Messer
horenso	Spinat
hoso-maki	kleine Sushi-Röllchen
hotate-gai	Jakobsmuscheln
ika	Kalmar
ikura	Lachsrogen
inari-zushi	gefüllte, fritierte Tofu-Tasche
itamae	Sushi-Chef
kabayaki	gekochter Seeaal
kaki	Austern
kamaboko	gepresster Fisch
kampyō	getrockneter Kürbis
kani	Krabbe, Krabbenfleisch
kappa-maki	Gurken-Röllchen
karei	Glattbutt (Kleist)
katsuo	Bonito
katsuo-bushi	getrocknete Bonitoflocken
kazu-no-ko	gesalzener Heringsrogen
kohada	Alse
kome	japanischer Klebreis, Rundkornreis
konbu	Seetangart, Kelp, Konbu
konoshiro	Alse
maguro	großer, roter Thunfisch

maki	gerollte Sushi
makisu	Bambusrollmatte
mirin	süßer Reiswein zum Kochen
mirugai	Horse-clam (Muschelart)
miso	fermentierte Sojapaste
miso-shiru	Miso-Suppe
momiji-oroshi	fein geraspelter Rettich mit Chillies
mushi-zushi	gedämpfter Sushi-Reis
naname wa-giri	diagonal schneiden
nare-zushi	gesäuerter Sushi-Reis
nigiri-zushi	Finger-Sushi
ninjin	Karotte
nori	(Purpur-)Seetang(blätter)
oba	Schwarznessel, „japanisches Basilikum"
ocha	grüner Tee
o-hashi	Stäbchen (zum Essen)
ponzu	Zitrussoße
renkon	Lotuswurzel
saba	Makrele
sake	Reiswein, *Sake*
sake	Lachs
sakudori	Art, Fisch zu schneiden
sanmai oroshi	Dreiteilung von Fisch
sashimi	Gericht mit rohem Fisch ohne Reis
shamoji	Reislöffel
sengiri	Raspeln (von Gemüse, etc.)
shiitake	Pilzart, *Shiitake*-Pilze
shoyu	Sojasoße
shoga	Ersatz für eingelegten Ingwer
su	Reisessig
suimono	japanische klare Brühe
sushi-meshi	Sushi-Reis
sushi-zu	würziger, süßlich schmeckender Essig
tai	Seebrasse
takenoko	Bambussprossen
tako	Tintenfisch
takuwan	eingelegter Rettich
tamago	Omelett
tarako	Kabeljaurogen
temaki	handgerollte Sushi
tofu	Tofu, Bohnenquark
tsu	Sushiliebhaber und -Kenner
unagi	Süßwasseraal
wakame	Seetangart
wakegi	Frühlingszwiebeln
wasabi	japanischer Meerrettich, „japanischer Senf"
yaki-mono	Grillen bzw. Braten von Fleisch
yama-gobo	eingelegte Klette